Impressum
Verlag: BABADADA GmbH, Nedderfeld 112 , 22529 Hamburg
Geschäftsführer / Verlagsleitung: Harald Hof
Druck: Books on Demand GmbH, In de Tarpen 42, 22848 Norderstedt

Imprint
Publisher: BABADADA GmbH, Nedderfeld 112 , 22529 Hamburg, Germany
Managing Director / Publishing direction: Harald Hof
Print: Books on Demand GmbH, In de Tarpen 42, 22848 Norderstedt, Germany

dibistan

школа

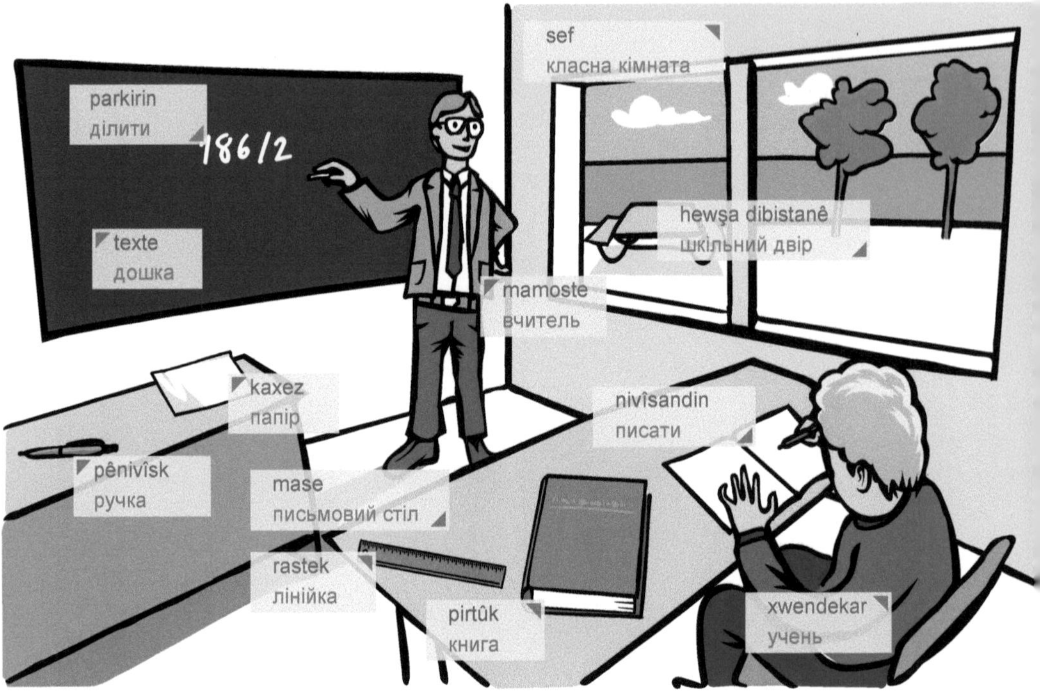

sef
класна кімната
parkirin
ділити
186/2
texte
дошка
hewşa dibistanê
шкільний двір
mamoste
вчитель
kaxez
папір
nivîsandin
писати
pênivîsk
ручка
mase
письмовий стіл
rastek
лінійка
pirtûk
книга
xwendekar
учень

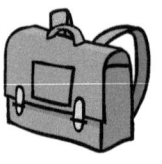

çewal

ранець

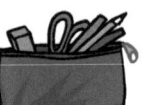

qûtî nivîstok

пенал

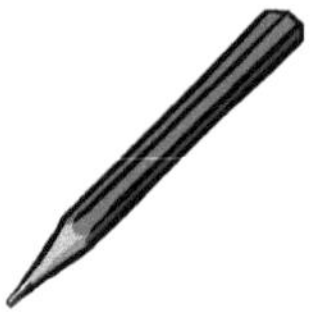

qelemrisas

олівець

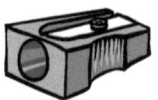

nivîstok tûjkir

точило

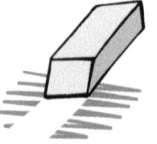

jêbir

гумка

nivîska nîgarê

альбом для малювання

nîgar

малюнок

firçeya rengê

пензель

qûtî reng

коробка фарб

meqes

ножиці

lezaq

клей

pirtûka fêrbûn

зошит

wezîfa malê

домашнє завдання

hejmar

число

2+2

zêdekirin

додавати

derxistin

віднімати

zêdekirin

множити

hesibandin

рахувати

tîp

літера

alfabe

абетка

peyv

слово

nivîsê

текст

xwandin

читати

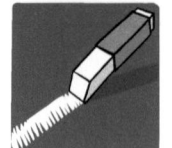

geç

крейда

ders

година

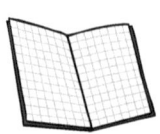

qeydkirin

класний журнал

îmtîhan

екзамен

şehade

диплом

kinca dibistanê

шкільна форма

perwerdehî

освіта

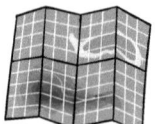

zanistname

лексикон

zanîngeh

університет

mîkroskûp

мікроскоп

xerîte

карта

sepeta kaxezê

кошик для паперу

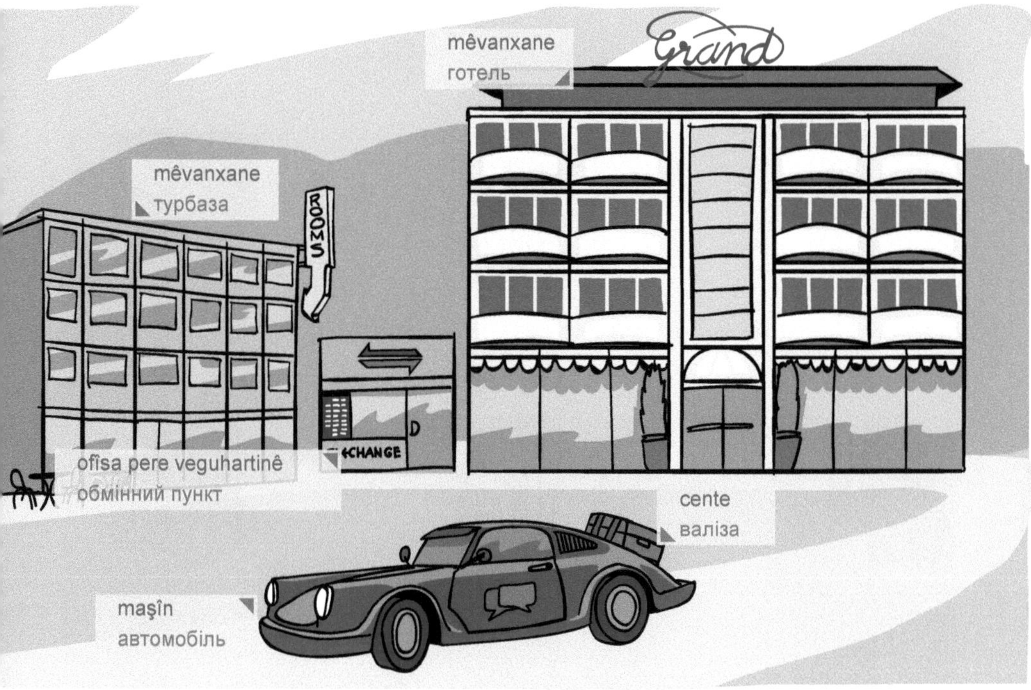

mêvanxane
готель
Grand
mêvanxane
турбаза
ROOMS
ECHANGE
ofîsa pere veguhartinê
обмінний пункт
cente
валіза
maşîn
автомобіль

ziman

мова

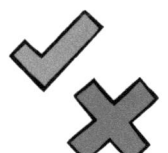

belê / na

так / ні

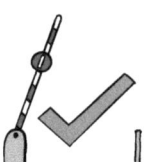

baş

добре

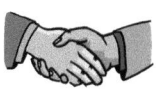

silav

привіт

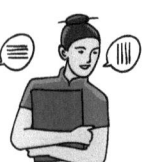

wergêra nivîskî

перекладач

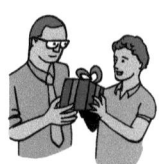

sipas

дякую

bihayê ... çi qase?

Скільки коштує ...?

ez fam nakim

Я не розумію

pirsgirêk

проблема

êvarbaş!

Добрий вечір!

beyanî baş!

Доброго ранку!

şev baş!

На добраніч!

xatirê te

До побачення

alî

напрямок

hûrmûr

багаж

çente

сумка

çente pişt

рюкзак

mêvan

гість

ode

кімната

came xew

спальний мішок

çadir

намет

agagiyên gerokan

туристична інформація

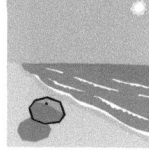

rexê avê

пляж

kartê qerzê

кредитна картка

taştê

сніданок

firavîn

обід

şîv

вечеря

kart

квиток

asansor

ліфт

pûl

поштова марка

tixûb

межа

gumirk

митниця

balyozxane

посольство

vîza

віза

pasaport

паспорт

guhaztin

транспорт

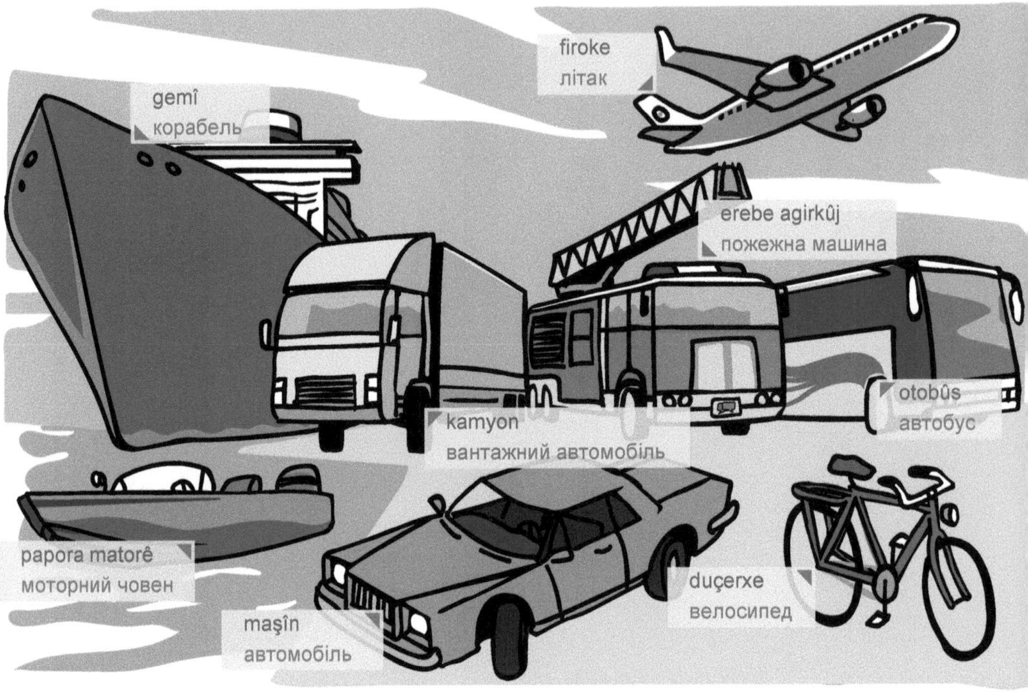

firoke
літак
gemî
корабель
erebe agirkûj
пожежна машина
otobûs
автобус
kamyon
вантажний автомобіль
papora matorê
моторний човен
duçerxe
велосипед
maşîn
автомобіль

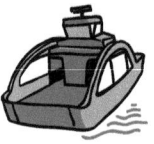

papor

пором

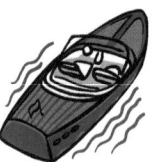

papor

човен

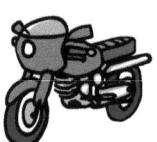

motorsîklêt

мотоцикл

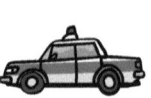

trimbêla polîsê

поліцейська машина

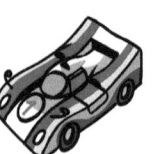

trimbêla pêşbaziyê

гоночний автомобіль

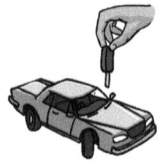

erebe kirêkirinê

автомобіль на прокат

maşîn pervekirin

спільне користування авто

kamyona kişandinê

евакуатор

kamyona xwelî

сміттєвоз

motorsîklêt

двигун

mazot

паливо

îstegeha benzînê

автозаправна станція

tabloya tirafîkê

дорожній знак

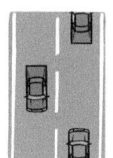

hatinûçûn

рух

tirafîk

затор

cihê parkê

стоянка

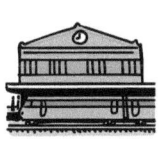

rawesteka trênê

вокзал

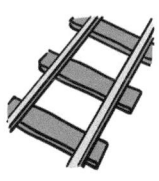

rêç

рейки

trên

потяг

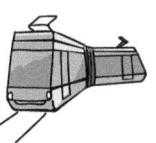

trênê kolanê

трамвай

erebe

вагон

babirok

гелікоптер

balafirgeh

аеропорт

birc

вежа

misafir

пасажир

qûtî

контейнер

qûtî

коробка

girgirok

візок

selik

кошик

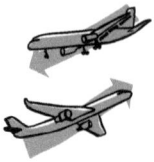

rabûn / nîştin

стартувати / приземлятися

bajar

місто

gund

село

navenda bajarê

центр міста

xanî

дім

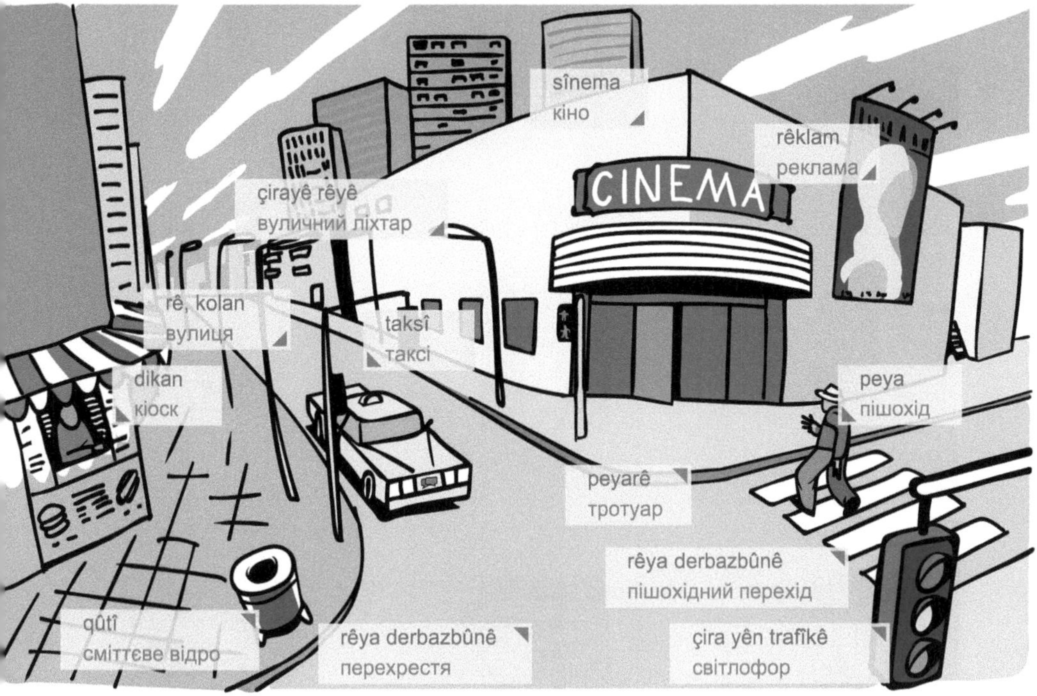

sînema
кіно

rêklam
реклама

çirayê rêyê
вуличний ліхтар

CINEMA

rê, kolan
вулиця

taksî
таксі

dikan
кіоск

peya
пішохід

peyarê
тротуар

rêya derbazbûnê
пішохідний перехід

qûtî
сміттєве відро

rêya derbazbûnê
перехрестя

çira yên trafîkê
світлофор

kox

хатина

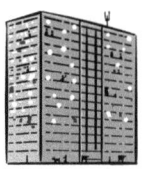

xanî

квартира

rawesteka trênê

вокзал

telara şarevanî

ратуша

mûzexane

музей

dibistan

школа

zanîngeh

університет

bank

банк

nexweşxane

лікарня

mêvanxane

готель

dermanxane

аптека

ofîs

офіс

kitêbfiroşî

книжковий магазин

dikan

магазин

gulfiroş

квітковий магазин

bazar

супермаркет

bazar

ринок

supermarket

універмаг

masîfiroş

торговець рибою

navenda kirrîn

торговельний центр

bender

гавань

park

парк

sekû

лава

pir

міст

derince

сходи

jêr erdê

метро

tunnel

тунель

îstgeha otobûs

автобусна зупинка

bar

бар

xwaringeh

ресторан

sindûqa postê

поштова скринька

nîşanderka rêyê

вулична табличка

metra parkîngê

лічильник паркування

baxça heywanan

зоопарк

hewza melevanî

басейн

mizgeft

мечеть

cotgeh

ферма

lewitandina derdor

забруднення
навколишнього
середовища

goristan

кладовище

kenîse

церква

erdê leyistinê

дитячий майданчик

perestgeh

храм

tebîet

ландшафт

gela
листок

nîşanderka rê
вказівний стовп

rê
шлях

mêrg
луг

kevir
камінь

dar
дерево

gerok
мандрівник

çem
річка

giya
трава

kulîlk
квітка

dol

долина

gir

гора

gol

озеро

daristan

ліс

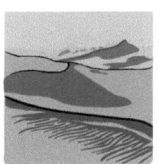

beyaban

пустеля

volkan

вулкан

keleh

замок

keskesor

веселка

kivark

гриб

darqesp

пальма

mixmixk

комар

mêş

муха

mêrî

мурашка

hing

бджола

pîrê

павук

tebîet - ландшафт

kêzik

жук

beq

жаба

sihor

вивірка

jîjok

їжак

kerguh

заєць

pepûk

сова

çivîk

птах

qû

лебідь

berazê kovî

кабан

pezkovî

олень

pezkovî

лось

bendav

гребля

tûrbîna ba

вітряк

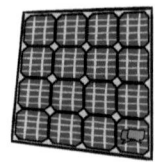

panela xorê

сонячний модуль

av û hewa

клімат

xwaringeh
ресторан

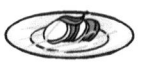

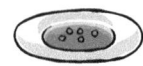

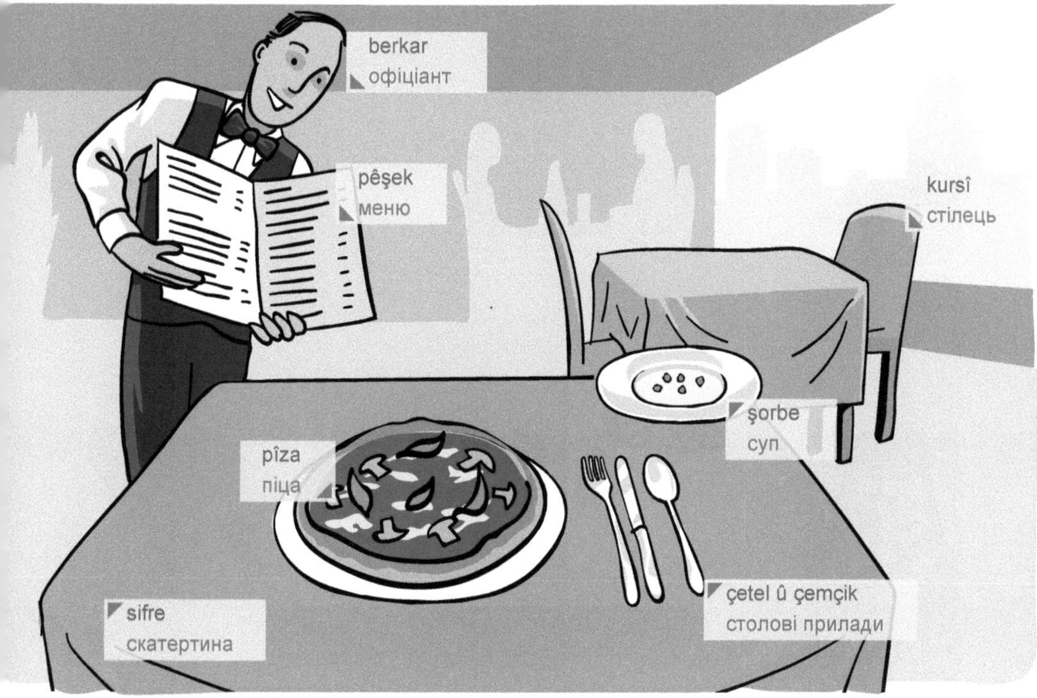

berkar
офіціант
pêşek
меню
kursî
стілець
şorbe
суп
pîza
піца
çetel û çemçik
столові прилади
sifre
скатертина

xwarina destpêk

закуска

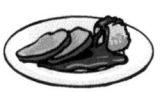

xwarina serekî

друга страва

şêranî

десерт

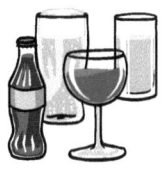

vexwarinan

напої

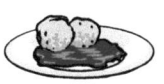

xwarin

їжа

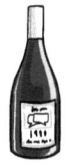

cam

пляшка

xwarina lez

фаст-фуд

xwarina rêyê

вулична їжа

çaydanik

чайник

qûtî şekirê

цукорниця

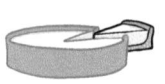

beş

порція

mekîna çêkirinê espresso

еспресо-машина

kursiya bilînd

високий стільчик

hesab

рахунок

sênî

піднос

kêr

ніж

çetel

вилка

kevçî

ложка

kevçiya çay

чайна ложка

pêşgir

серветка

qedeh

склянка

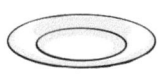

teyfik

тарілка

teyfika şorbe

тарілка для супу

piyale

блюдце

çênc

соус

xwêdank

солонка

qûtî bîbar

млин для перцю

sêk

оцет

rûn

масло

biharat

спеції

ketçap

кетчуп

mustard

гірчиця

mayonêz

майонез

bazar

супермаркет

pêşkêşên taybet
пропозиція
FOR
mişterî
клієнт
şîremenî
молочні продукти
fêkî
фрукти
erebe
візок для покупок

BUTCHERS

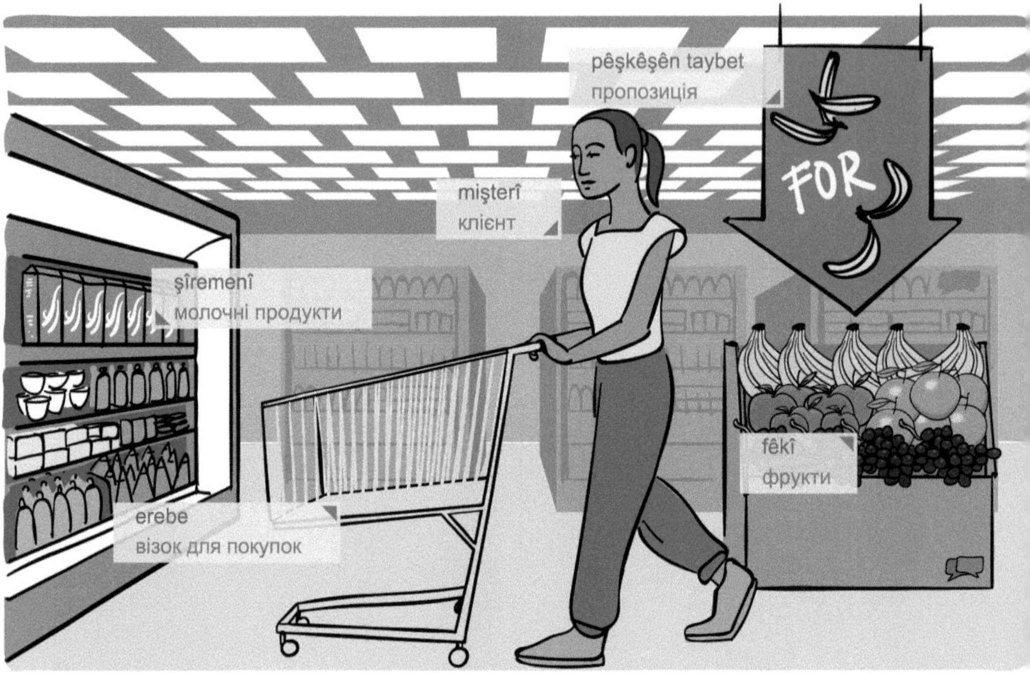

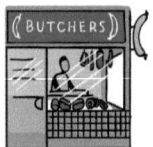

qesabî

м'ясний магазин

BAKERY

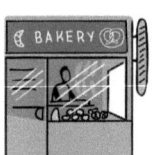

dikana nanpêj

пекарня

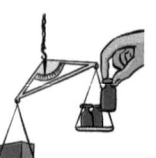

wezin kirin

зважувати

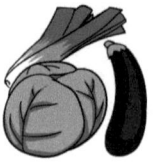

sebze

овочі

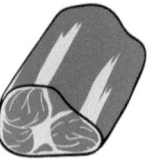

goşt

м'ясо

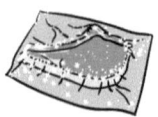

xwarinê cemedî

заморожені продукти

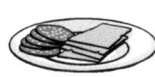

goştê sar

ковбасна нарізка

xwarina pîlê

консерви

xubarê paqijkirinê

пральний порошок

şirînî

солодощі

berhemên navxweyî

предмети домашнього побуту

berhemên paqijkirinê

мийний засіб

firoşyar

продавщиця

xeznok

каса

diravgir

касир

lîsta kirrînê

список покупок

demên vekirî

часи роботи

cizdan

гаманець

kartê qerzê

кредитна картка

çewal

сумка

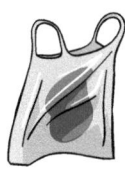

çente

поліетиленовий пакет

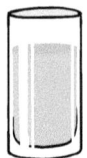

av

вода

şerbet

сік

şîr

молоко

komir

кола

şerab

вино

bîra

пиво

alkol

алкоголь

kakwo

какао

çay

чай

qehwe

кава

espresso

еспресо

kapoçîno

капучіно

moz

банан

sêv

яблуко

pirteqalî

апельсин

gundor

кавун

lîmon

лимон

gêzer

морква

sîr

часник

qamir

бамбук

pîvaz

цибуля

qarçik

гриб

gewîz

горішки

şihîre

локшина

spagêttî

спагеті

birinc

рис

selete

салат

çîps

картопля фрі

peteteya biraştî

смажена картопля

pîza

піца

hamburger

гамбургер

nanok

бутерброд

goştê stûyê berxî

шніцель

goştê hişkkirî

шинка

salamê

салямі

sosîs

ковбаса

mirîşk

курка

bijartin

печеня

masî

риба

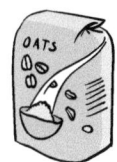

şorbe bilûl

вівсяні пластівці

mûslî

мюслі

kertên gilgilan

кукурудзяні пластівці

ard

борошно

croissant

круасан

semûn

булочка

nan

хліб

tost

тостовий хліб

nanik

печиво

nivîşk

масло

mast

сир

kulîçe

пиріг

hêk

яйце

hêka qelandî

яєчня

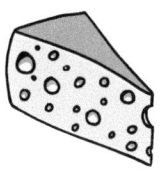

penîr

сир

dondirme

морозиво

şekir

цукор

hingiv

мед

mireba

мармелад

xameya nougat

нуга-крем

kurrî

карі

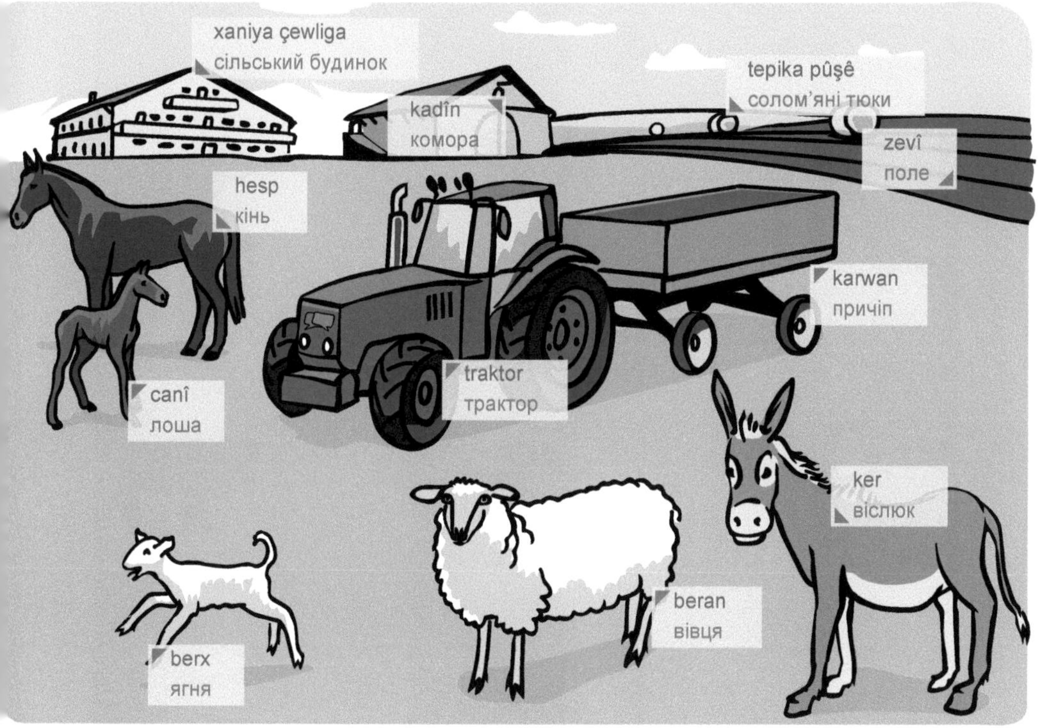

xaniya çewliga
сільський будинок

kadîn
комора

tepika pûşê
солом'яні тюки

zevî
поле

hesp
кінь

karwan
причіп

traktor
трактор

canî
лоша

ker
віслюк

beran
вівця

berx
ягня

bizin

коза

çêlek

корова

golik

теля

beraz

свиня

xinzîrk

порося

boxe

бик

qaz

гусак

miravî

качка

cûçik

курча

mirîşk

курка

keleşêr

півень

circ

щур

kitik

кіт

mişk

миша

ga

віл

kûçik

собака

xaniya kûçikê

собача будка

xanî baxê

садовий шланг

qûtîka avdanê

лійка

şalûk

коса

gasin

плуг

das

серп

merbêr

мотика

darsapik

вила

bivir

сокира

destgere

тачка

qûtî xwarina candaran

корито

qûtî şîr

бідон молока

tûr

мішок

çeper

паркан

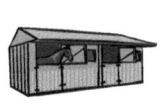

axur

хлів

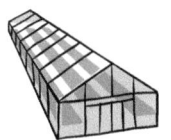

xana kulîlkan

теплиця

ax

ґрунт

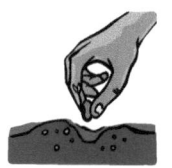

dendik

насіння

peyn

добриво

kombayn

комбайн

zad

пожинати

zad

урожай

petete

корінь ямсу

genim

пшениця

fasolî

соя

petete

картопля

dexl

кукурудза

dindik

ріпак

darê fêkî

плодове дерево

sêvê bin erdê

маніок

zad

злаки

xanî

дім

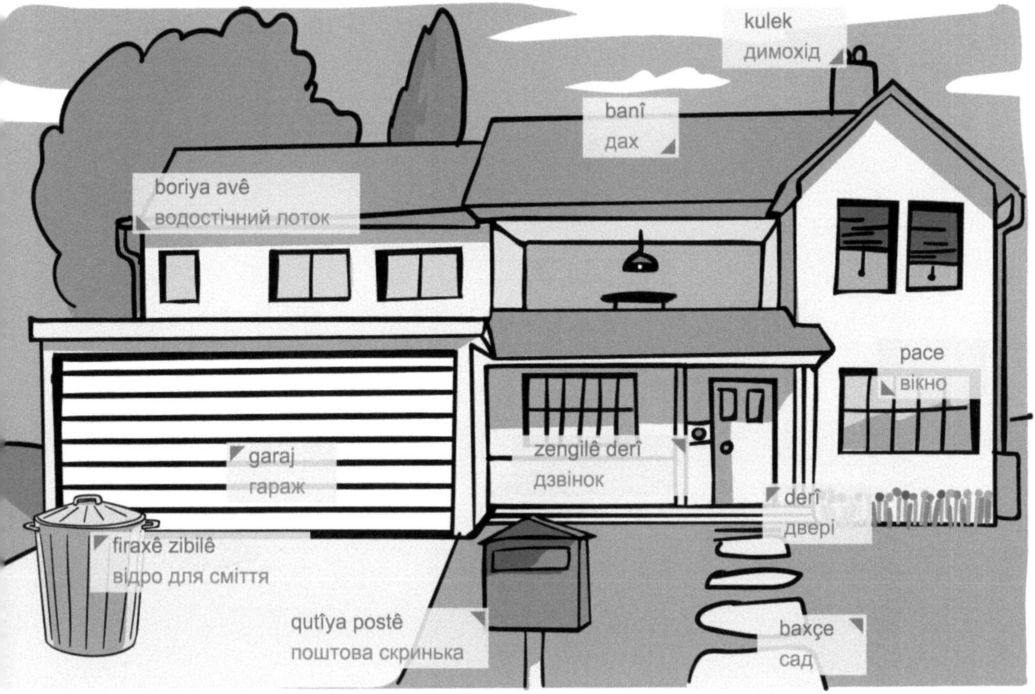
kulek
димохід
banî
дах
boriya avê
водостічний лоток
pace
вікно
garaj
гараж
zengilê derî
дзвінок
derî
двері
firaxê zibilê
відро для сміття
qutîya postê
поштова скринька
baxçe
сад

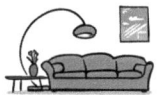

oda rûniştinê

вітальня

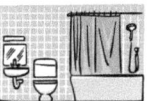

hemam

ванна кімната

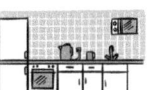

metbex

кухня

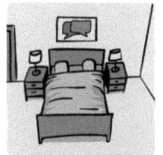

oda xewê

спальня

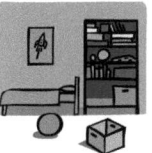

odeya zarok

дитяча кімната

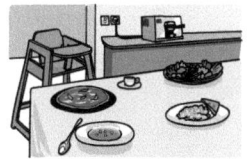

oda şîvê

їдальня

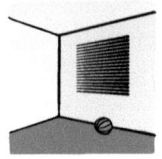

binî

підлога

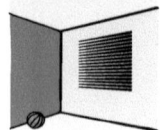

dîwar

стіна

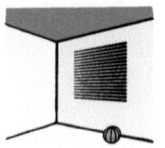

berban

стеля

xenzik

підвал

sauna

сауна

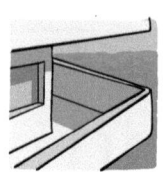

balkon

балкон

berdanik

тераса

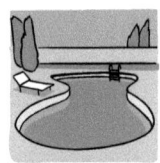

hewza melevanî

басейн

çîmen birr

косарка

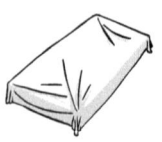

melhefe

простирало

betanî

ковдра

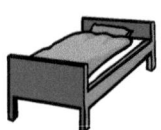

nivîn

ліжко

gezik

мітла

satil

відро

kilîl

перемикач

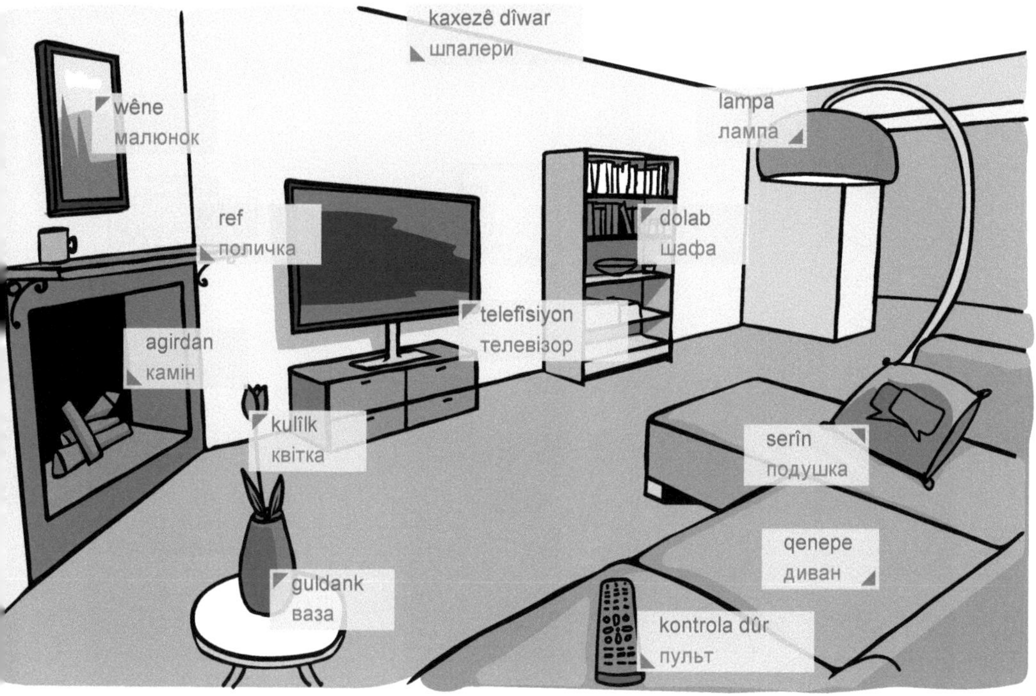

kaxezê dîwar
шпалери

wêne
малюнок

lampa
лампа

ref
поличка

dolab
шафа

agirdan
камін

telefîsiyon
телевізор

kulîlk
квітка

serîn
подушка

qenepe
диван

guldank
ваза

kontrola dûr
пульт

xalîçe
килим

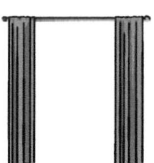

perde
завіса

mêz
стіл

kursî
стілець

kursiya hejanok
крісло-гойдалка

kursî
крісло

pirtûk

книга

betanî

ковдра

xemilandin

прикраса

êzing

дрова

fîlm

фільм

hi-fi

стереосистема

kilîl

ключ

rojname

газета

nîgar

картина

poster

плакат

radyo

радіо

defter

блокнот

sivnika elektrîkî

пилосос

kaktûs

кактус

mom

свічка

metbex
кухня

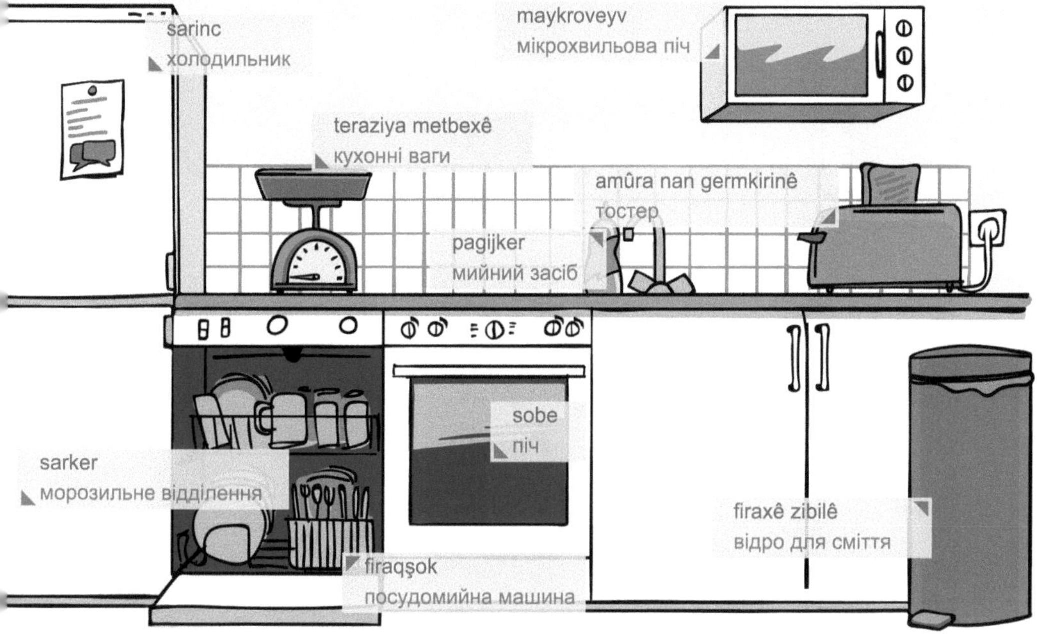

sarinc
холодильник
maykroveyv
мікрохвильова піч
teraziya metbexê
кухонні ваги
amûra nan germkirinê
тостер
pagijker
мийний засіб
sobe
піч
sarker
морозильне відділення
firaxê zibilê
відро для сміття
firaqşok
посудомийна машина

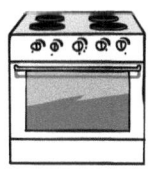

sobe

плита

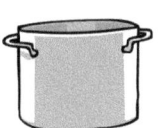

aman

горщик

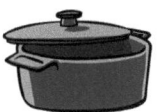

amaê ûtû

чавунний горщик

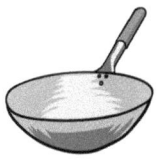

firaqê mezin

вок / кадай

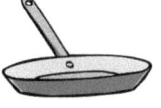

dîzik

сковорода

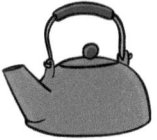

kelînk

чайник

firaqê hilmê

пароварка

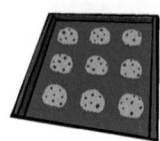

sênî nanê

лист

firaq

посуд

piyale

кухоль

kasik

чаша

darê nanxwarin

палички для їжі

hesk

черпак

kevçiya mezin

лопатка

rînek

вінчик для збивання

kefgîr

сито

bêjing

сито

rêşker

терка

destar

ступка

biraştin

барбекю

agirê vala

багаття

texteya birrînê

дошка

darikê tîrê

качалка

devik badek

штопор

qûtî

конзерва

qûtîvekir

відкривачка

cawê amanan

прихватки

destşo

раковина

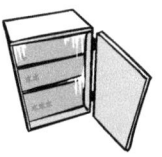

firçe

щітка

parazoa

губка

tevdêr

міксер

sarkerê cemedî

морозильна камера

şûşe bebikan

дитяча пляшка

henefî

кран

hemam

ванна кімната

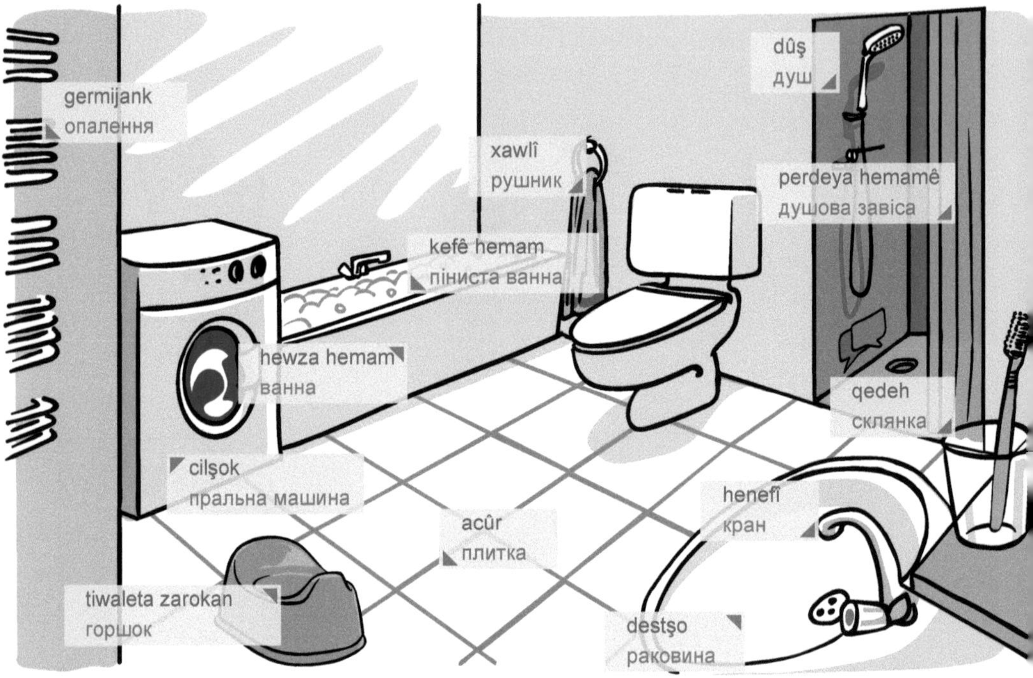

germijank
опалення
xawlî
рушник
dûş
душ
perdeya hemamê
душова завіса
kefê hemam
пiниста ванна
hewza hemam
ванна
qedeh
склянка
cilşok
пральна машина
henefî
кран
acûr
плитка
tiwaleta zarokan
горшок
destşo
раковина

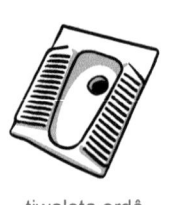

tiwalet

туалет

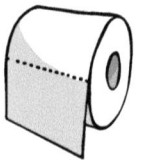

tiwaleta erdê

підлоговий туалет

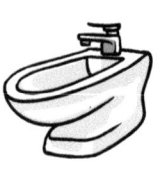

tiwalet

біде

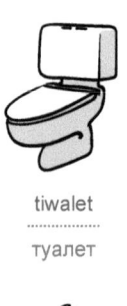

avdestxana mêran

пісуар

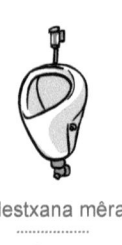

kaxeza tiwalet

туалетний папір

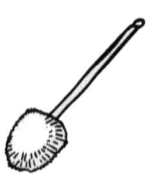

firşeya tiwalet

щітка для туалету

firçeya diran

зубна щітка

mecûna diran

зубна паста

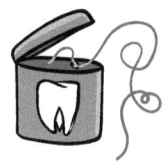

nexa didan

нитка для чищення зубів

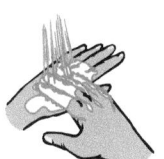

şûştin

мити

dûşê destê

ручний душ

dûş

інтимний душ

destşo

таз

firça pişt

щітка для спини

sabûn

мило

cêlê hemam

гель для душу

şampo

шампунь

fanîle

мочалка

zêrab

водостік

kirêm

крем

bêhn xweşkir

дезодорант

mirêk

дзеркало

mirêka destê

космецичне дзеркало

gûzan

бритва

kefê teraşînê

піна для гоління

mecûna piştî teraşînê

лосьйон після гоління

şeh

гребінь

firçe

щітка

por hîşikkir

фен

sipraya porê

лак для волосся

kozmetîk

косметика

soravk

губна помада

rengê nînok

лак для нігтів

pembû

вата

meqesta nînok

ножиці для нігтів

parfûm

парфум

çewalê hemamê

косметичка

kursiya bêpişt

табурет

terazî

ваги

kinca hemamê

халат

lepika lastîkê

гумові рукавички

tampon

тампон

xawliya paqijkirinê

гігієнічні прокладки

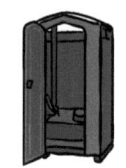

tiwaleta kîmîyewî

біотуалет

odeya zarok

дитяча кімната

demjimêrk
будильник
lîstok
м'яка іграшка
maşîna lîstok
іграшковий автомобіль
xişxişok
брязкальце
mala lîstok
ляльковий будиночок
xelat
подарунок

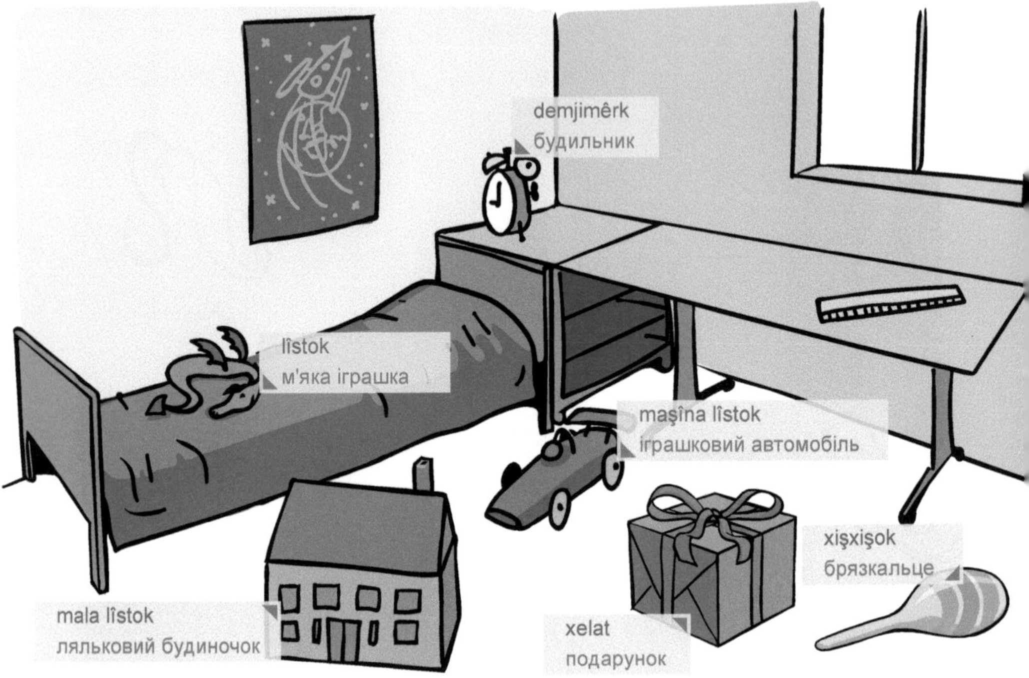

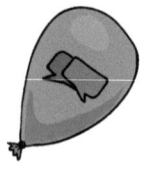

pifdank

повітряна кулька

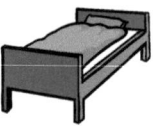

nivîn

ліжко

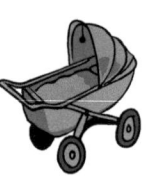

koçk

дитячий візок

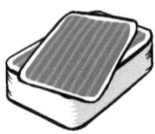

lîstika kartê

картярська гра

frîzbî

пазл

SUPER
MEGA

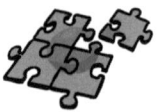

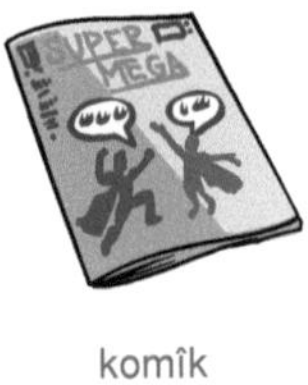

komîk

комікс

acûra lêgo

лего цеглинки

acûra lîstok

блоки

bûke şûşe

іграшкова фігурка

kinca bebikan

повзунки

frizbee

фризбі

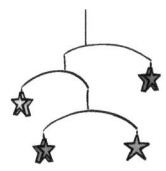

veguhestin

мобіле

lîstikên texte

настільна гра

mor

кубик

modêla trênê

модель залізнична станція

memik

соска

cejn

вечірка

kitêba wêne

книжка з картинками

top

м'яч

bûke şûşe

лялька

leyîstin

грати

kuna xîzê

пісочниця

colane

гойдалка

lîstokan

іграшка

lîstika vîdeoyî

гральна консоль

sêçerxe

триколісний велосипед

hirça lîstok

плюшевий мішка

cildank

шафа

kinc

одяг

gore

шкарпетки

gore

панчохи

derpêgorê

колготки

şal
шарф

qayiş
ремінь

çetir
парасоля

kiras
футболка

pêlav
кросівки

şekal
чоботи

pêlavê nav malê
домашнє взуття

solik
сандалі

sol
взуття

potîna çermê
гумові чоботи

pantolê jêr
труси

pêsîrbend
бюстгальтер

çekbend
нижня сорочка

kinc - одяг

cendek

боді

pantol

штани

jeans

джинси

daman

спідниця

kiras

блузка

kiras

сорочка

fanêle

пуловер

fanêle

светр

cakêt

піджак

sako

куртка

çaket

пальто

baranî

дощовик

lebas

костюм

fîstan

сукня

cilê dawetê

весільна сукня

kostum
костюм

pêcame
нічна сорочка

pêcame
піжама

saree
сарі

leçik
головна хустка

mêzer
чалма

hêram
бурка

kaftan
кафтан

eba
абая

kinca ajnêkirin
купальник

cilka melevanî
плавки

şort
шорти

cila hêvojkarî
тренувальний костюм

pêşmal
фартух

lepik
рукавички

dûgme

гудзик

berçavik

окуляри

bazin

браслет

gerdenî

ланцюг

gustîl

кільце

guhark

сережка

devik

шапка

hilavistek

плічка

kûm

капелюх

kirawat

краватка

zîp

застібка-блискавка

serparêz

шолом

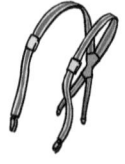

derzî

підтяжки

kinca dibistanê

шкільна форма

yûnîform

уніформа

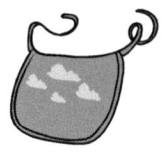

berdilk

нагрудник

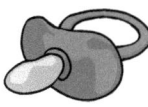

memik

соска

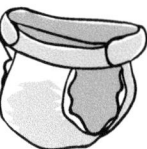

pundax

підгузок

ofîs

офіс

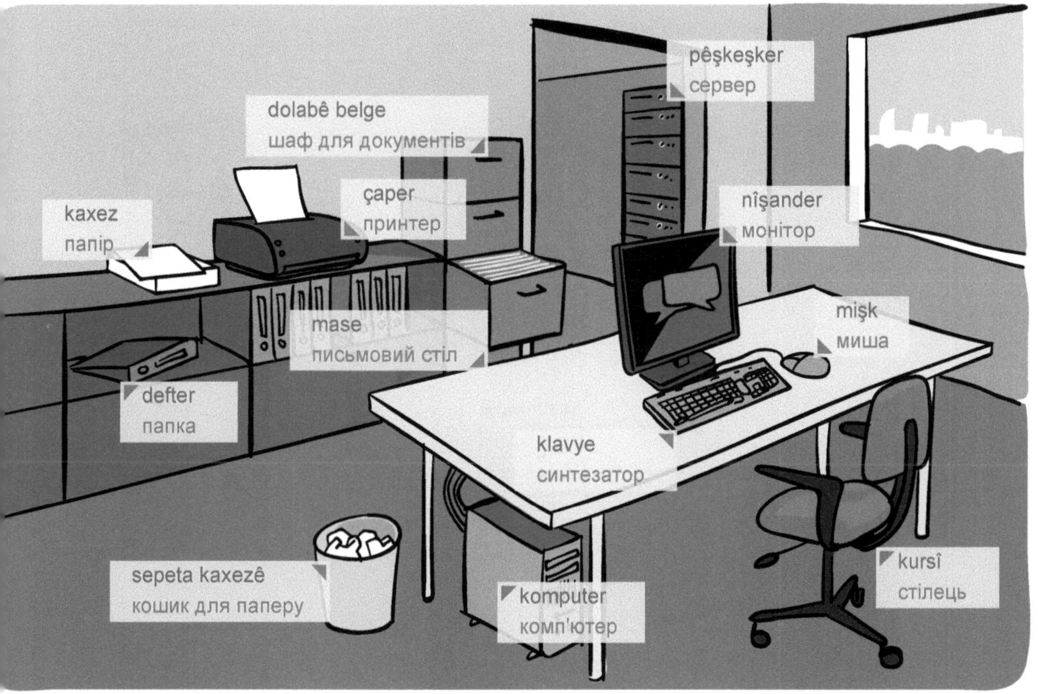

pêşkeşker
сервер
dolabê belge
шаф для документів
çaper
принтер
nîşander
монітор
kaxez
папір
mase
письмовий стіл
mişk
миша
defter
папка
klavye
синтезатор
sepeta kaxezê
кошик для паперу
komputer
комп'ютер
kursî
стілець

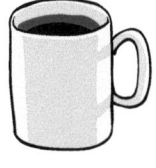

kasika qehwe

кавовий кухоль

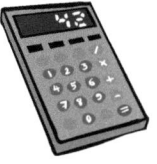

hesabker

калькулятор

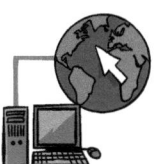

înternet

інтернет

komputera laptop

ноутбук

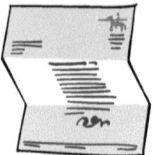

name

лист

peyam

повідомлення

telefona mobîl

мобільний телефон

tor

мережа

mekîna fotokopî

копіювальний пристрій

software

програмне забезпечення

telefon

телефон

socketa fîşek

розетка

mekîna faxê

факс

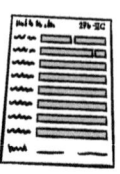

form

бланк

belge

документ

standin

купувати

pere dan

платити

bazirganî

торгувати

pere

гроші

dollar

долар

yoro

євро

yenê Japonê

ієна

roblê Rûsî

рубль

firankê Swîsê

франк

yuanê Çînê

юанів женьміньбі

rûpee Hindî

рупія

mekîna jixwebera dirav

банкомат

ofîsa pere veguhartinê

обмінний пункт

zêrr

золото

zîv

срібло

neft

нафта

wize

енергія

biha

ціна

peyman

контракт

tax

податок

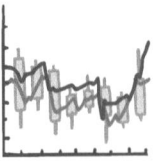

seham

акція

karkirin

працювати

karker

працівник

karda

роботодавець

fabrîka

фабрика

dikan

магазин

profesyon
професії

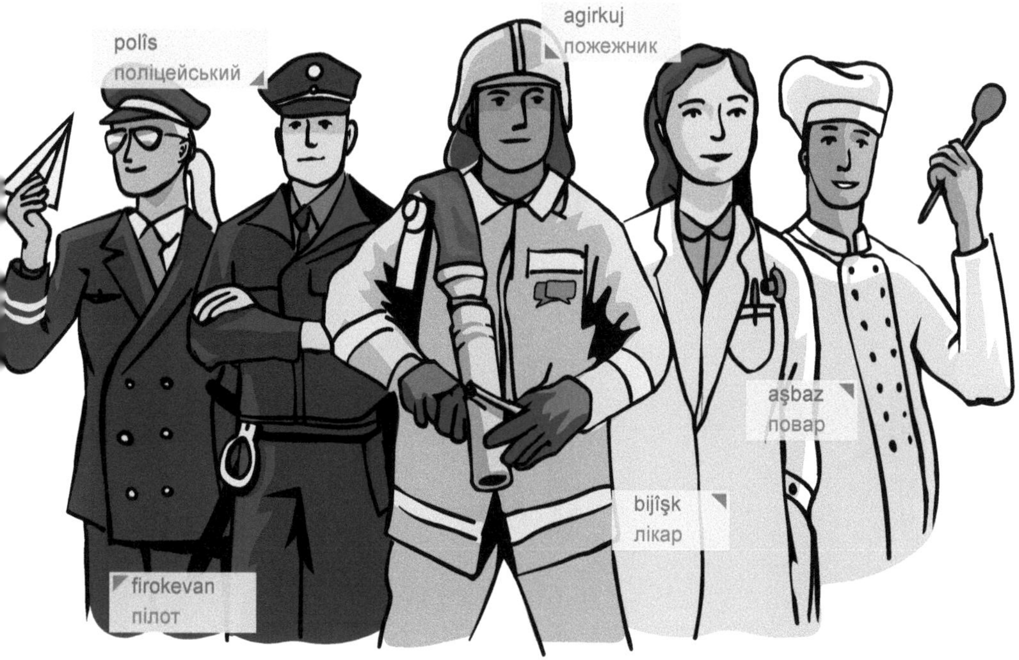
polîs
поліцейський
agirkuj
пожежник
aşbaz
повар
bijîşk
лікар
firokevan
пілот

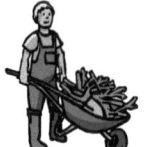

baxçevan

садівник

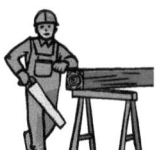

necar

столяр

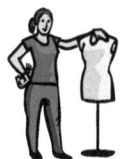

dirûnvan

швачка

hakim

суддя

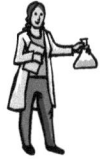

şîmyazan

хімік

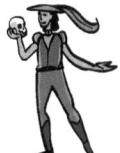

şanoger

актор

şufêrê basê

водій автобуса

şufêrekî taksiyê

таксист

masîvan

рибалка

pagijker

прибиральниця

çêkirê banî

покрівельник

berkar

офіціант

nêçirvan

мисливець

rengrês

художник

nanpêj

пекар

karebavan

електрик

avaker

будівельник

endezyar

інженер

qesab

забійник

lûlekar

бляхар

postevan

листоноша

esker

солдат

mîmar

архітектор

diravgir

касир

firotkara çîçekan

флорист

porçêker

перукар

ajovan

кондуктор

mekanîk

механік

keştîvan

капітан

pizîşka didanan

дантист

zanistyar

вчений

rûhan

рабин

îmam

імам

keşe

монах

keşîş

пастор

amûran
інструменти

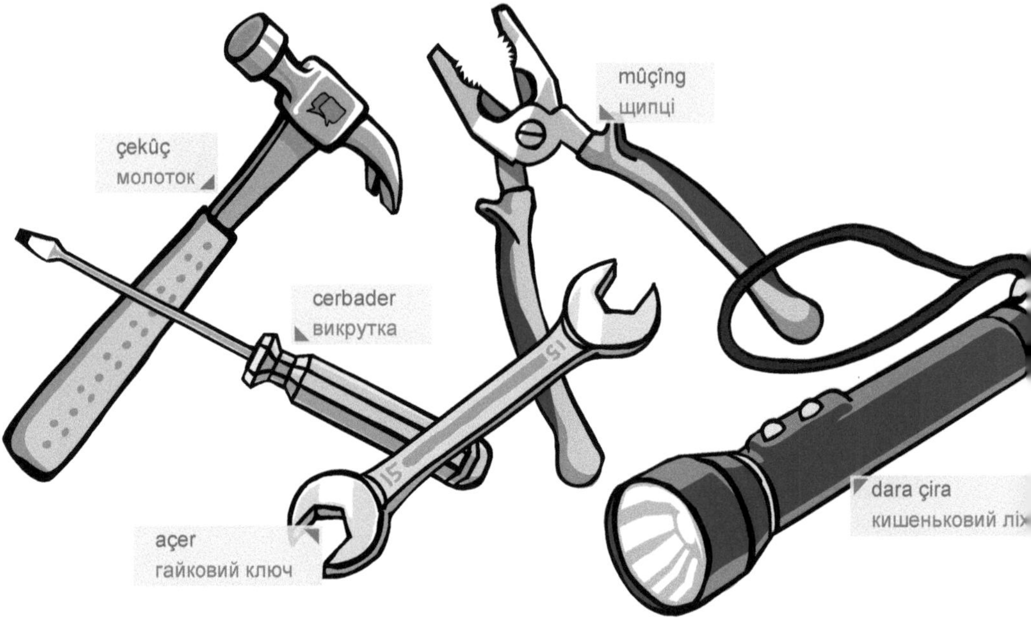

çekûç
молоток
mûçîng
щипці
cerbader
викрутка
dara çira
кишеньковий ліх
açer
гайковий ключ

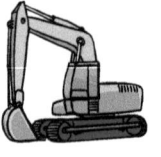

şofel

екскаватор

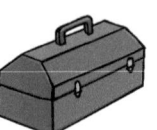

qûtiya amûran

ящик для інструментів

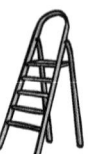

peyje

драбина

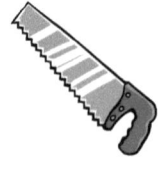

mişar

пилка

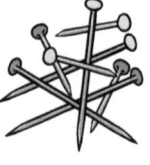

mîx

цвяхи

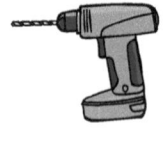

qulkirin

свердло

çêkirin

ремонтувати

merbêr

лопата

nalet!

лайно!

bêl

совок

qûtiya rengê

відро з фарбою

cerr

гвинти

amûrên mûzîkê

музичні інструменти

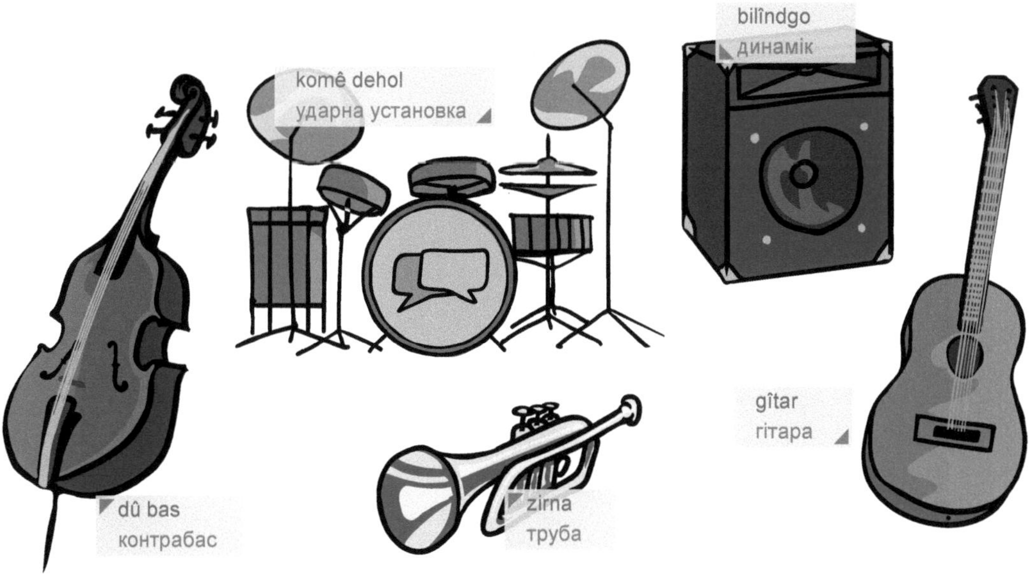

komê dehol
ударна установка

bilîndgo
динамік

gîtar
гітара

dû bas
контрабас

zirna
труба

piyano

фортепіано

viyolîn

скрипка

bas

бас

dehol

литаври

dahol

барабан

keyboard

клавіатура

saksofon

саксофон

bilûr

флейта

mîkrofon

мікрофон

amûrên mûzîkê - музичні інструменти

baxça heywanan

зоопарк

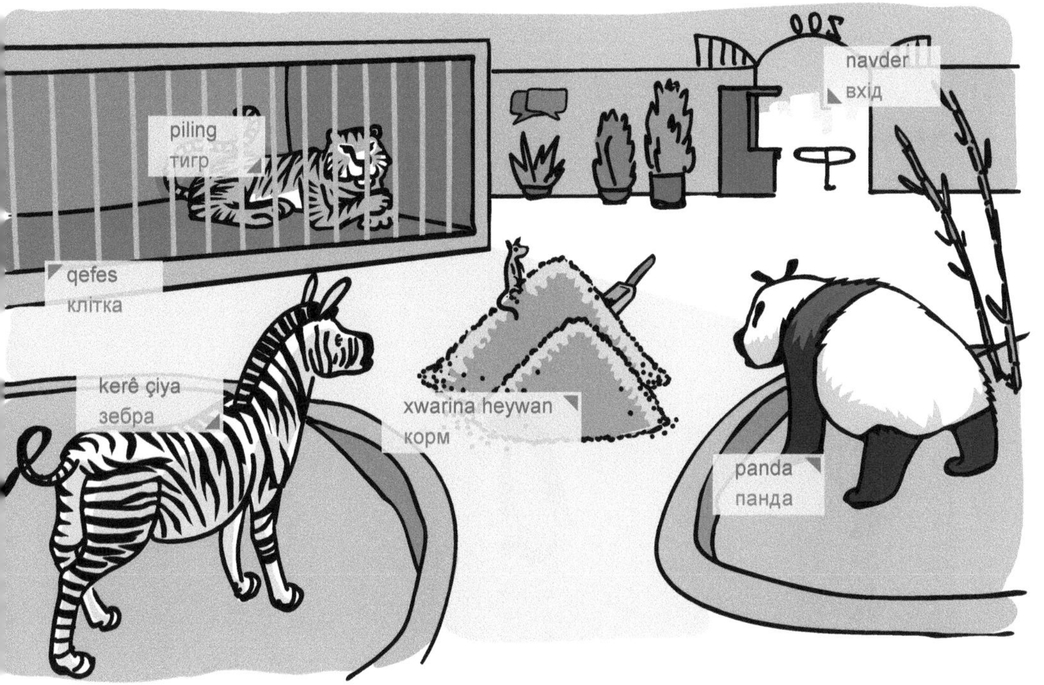
navder
вхід
piling
тигр
qefes
клітка
kerê çiya
зебра
xwarina heywan
корм
panda
панда

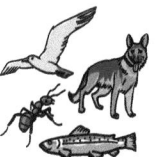

heywan

тварини

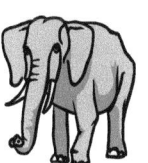

fîl

слон

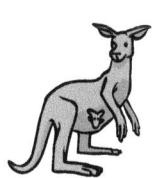

kangarû

кенгуру

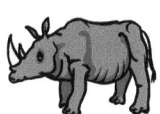

kerkeden

носоріг

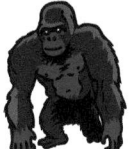

gorîl

горила

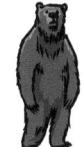

hirç

ведмідь

hêştir

верблюд

hêştirme

страус

şêr

лев

meymûn

мавпа

flamîngo

фламінго

papaxan

папуга

hirça cemserî

білий ведмідь

penguîn

пінгвін

semasî

акула

tawûs

павич

mar

змія

timsah

крокодил

parêzera baxça ajalan

працівник зоопарку

seya derya

тюлень

piling

ягуар

hesp

поні

piling

леопард

hespê rûbar

гіпопотам

canhêştir

жираф

helo

орел

berazê kovî

кабан

masî

риба

kûsî

черепаха

walras

морж

rovî

лисиця

xezal

газель

fûtbolê Amerîka
американський футбол

bisiklêtan
їзда на велосипеді

tenîs
теніс

baskêtbol
баскетбол

avjenîkirin
плавання

boxing
бокс

hokeya ser cemedê
хокей

fûtbol
футбол

badminton
бадмінтон

yê atletîzmê
легка атлетика

hendbol
гандбол

befirajotin
лижні перегони

polo
поло

hilpeke
стрибати

kenîn
сміятися

hembêz
обіймати

birêveçûn
йти

lawje gutin
співати

xewn dîtin
мріяти

nimêj kirin
молитися

maçkirin
цілувати

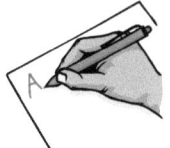

nivîsandin

писати

nîgar kêşan

малювати

nîşan dan

показувати

paldan

тиснути

dayîn

давати

rakirin

брати

heyîn

мати

kirin

робити

bûn

бути

sekinîn

стояти

bazdan

бігати

kişandin

тягнути

avêtin

кидати

ketin

падати

derew kirin

лежати

sekinîn

очікувати

guhêztin

носити

rûniştin

сидіти

cil berkirin

одягати

razan

спати

rabûn

просипатися

mêze kirin

дивитися

girîn

плакати

celte

гладити

şe kirin

розчісувати

peyvîn

розмовляти

famkirin

розуміти

pirskirin

питати

bihîstin

слухати

vexwarin

пити

xwarin

їсти

kom kirin

прибирати

hezkirin

любити

xwarin çêkirin

варити

ajotin

їхати

firrîn

літати

kesştîvanî

йти під вітрилом

hesibandin

рахувати

xwandin

читати

hînbûn

вчитися

karkirin

працювати

zewicîn

одружуватися

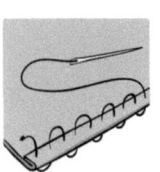

dirûtin

шити

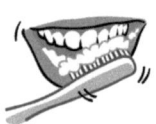

didan şûtin

чистити зуби

kuştin

убивати

dûxan

курити

şandin

посилати

malbat
сім'я

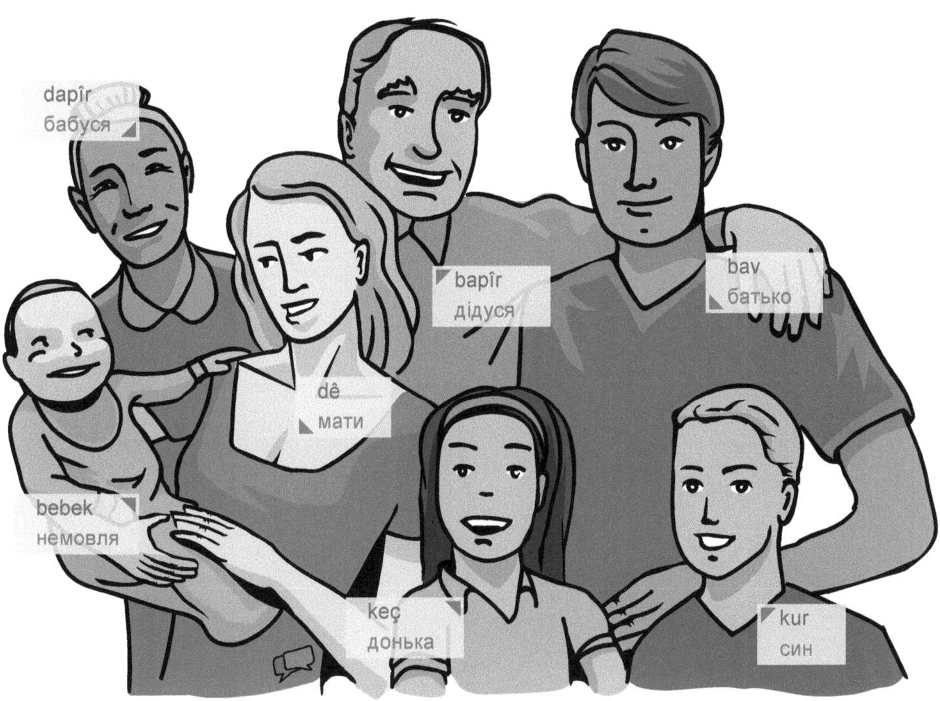
dapîr
бабуся
bapîr
дідуся
bav
батько
dê
мати
bebek
немовля
keç
донька
kur
син

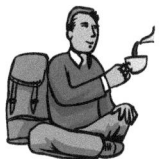

mêvan
гість

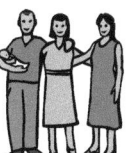

met
тітка

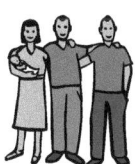

ap/xal
дядько

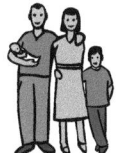

bira
брат

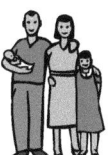

xwişl
сестра

beden

тіло

enî
чоло
çav
око
mil
плече
tilî
палець
rû
обличчя
zenî
підборіддя
dest
кисть
ling
нога
sîng
груди
pîl
рука

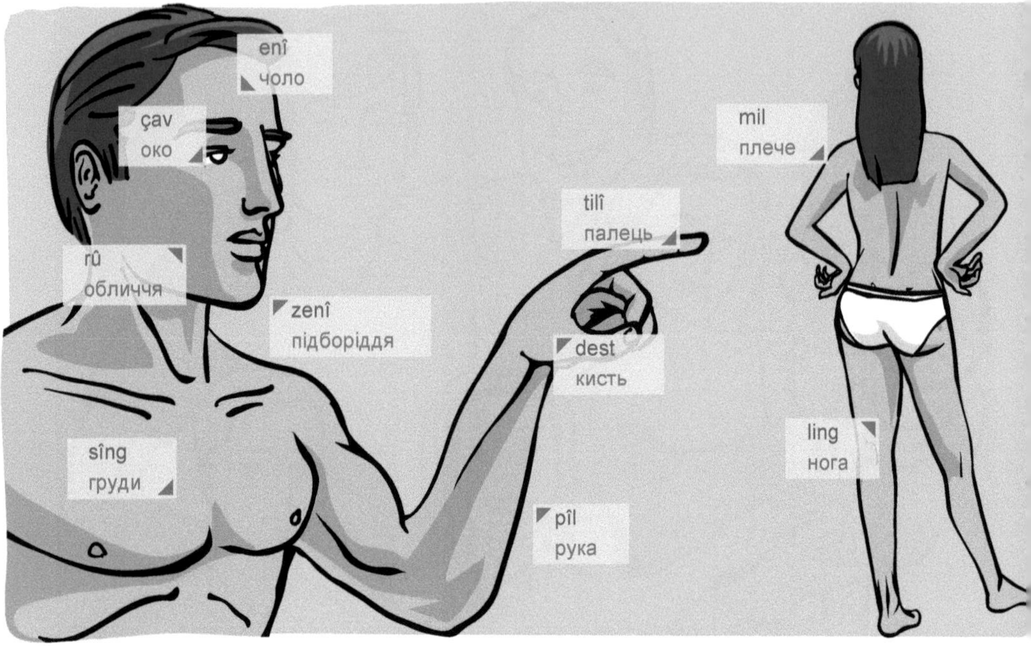

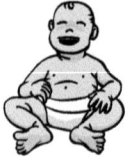

bebek

немовля

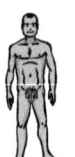

mêr

чоловік

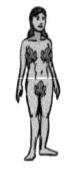

jin

жінка

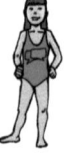

keç

дівчина

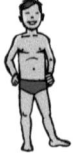

kor

хлопчик

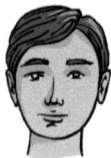

ser

голова

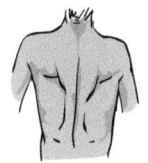

pişt

спина

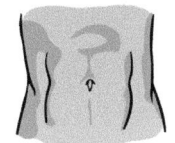

zik

живіт

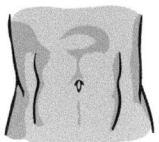

navik

пуп

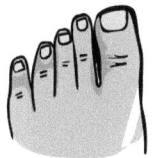

tilîya pê

палець ноги

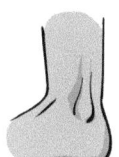

panî

п'ята

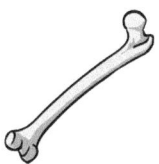

hestî

кістка

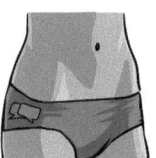

kûlîmek

стегно

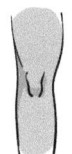

jûnî

коліно

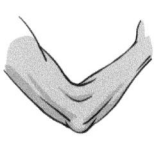

enîşk

лікоть

difn

ніс

qûn

сідниці

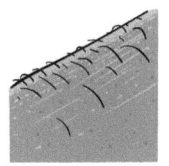

çerm

шкіра

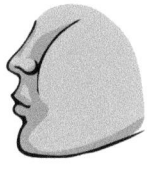

rû

щока

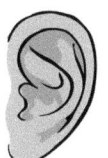

gûh

вухо

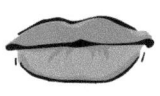

lêv

губа

beden - тіло

dev

рот

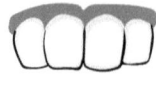

diran

зуб

ziman

язик

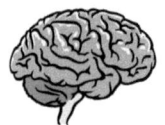

mêjî

мозок

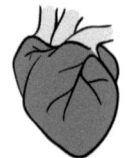

dil

серце

masûl

м'яз

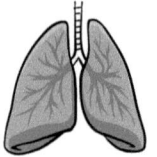

cîgera spî

легені

ceger

печінка

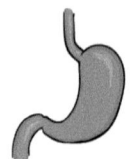

made

шлунок

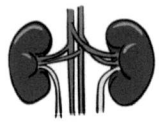

gûrçikan

нирки

cotbûn

статевий акт

kondom

презерватив

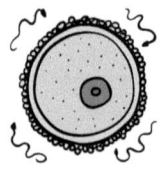

hêk

яйцеклітина

tov

сперма

dûcanî

вагітність

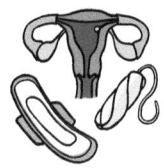

ade

менструація

qûz

вагіна

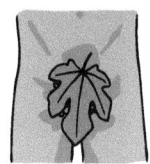

kîr

пеніс

birû

брова

por

волосся

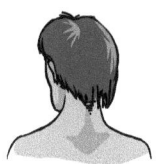

hûstû

шия

nexweşxane
лікарня

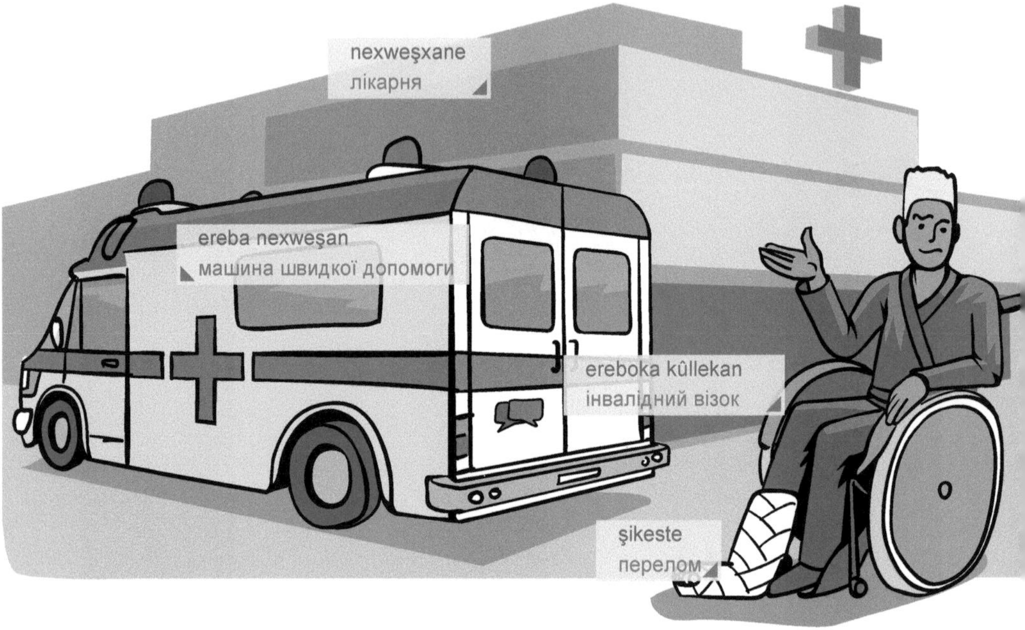

nexweşxane
лікарня
ereba nexweşan
машина швидкої допомоги
ereboka kûllekan
інвалідний візок
şikeste
перелом

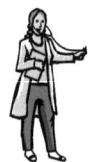

bijîşk

лікар

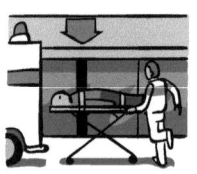

oda lezgînê

відділення швидкої медичної допомоги

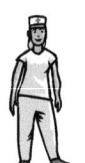

nexweşyar

медсестра

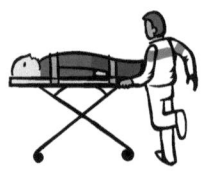

acîlîyet

аварійний випадок

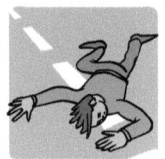

bêhay

непритомний

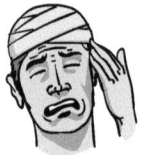

êş

біль

birîn

травма

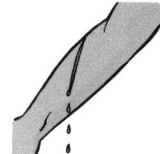

xwînpijan

кровотеча

hêrişa dilî

інфаркт

celte

інсульт

alerjî

алергія

kuxik

кашель

ta

лихоманка

zikam

грип

navçûyin

пронос

serêş

головна біль

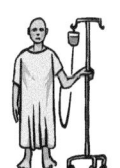

qansêr

рак

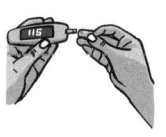

nexweşiya şekirê

діабет

emelîkar

хірург

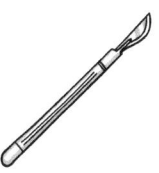

skalpêl

скальпель

emelî

операція

CT

КТ

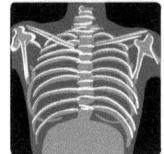

sûretê rontgên

рентген

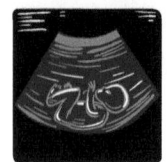

ûltrasawnd

ультразвук

maskê rûyê

маска

nexweşî

хвороба

oda sekinînê

зал очікування

goçan

милиця

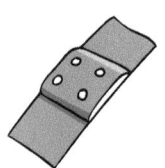

şêl

пластир

paçê birînpêçanê

пов'язка

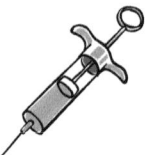

derzî

ін'єкція

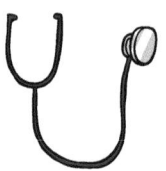

bîstoka pizîşkî

стетоскоп

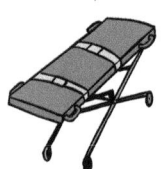

darbest

ноші

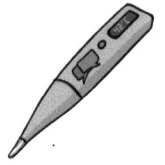

têhnpîva klînîkê

термометр

zayîn

народження

qelew

надмірна вага

alîkariya bihîstinê

слуховий апарат

bakterîkuj

дезінфікуючий засіб

kotîbûn

інфекція

vîrûs

вірус

HIV / AIDS

ВІЛ / СНІД

derman

медицина

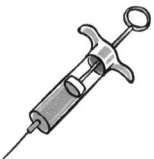

kutan

вакцинація

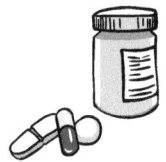

heban

таблетки

heb

протизаплідна пігулка

lezgîn

екстрений виклик

dîmenderê pesto xwîn

тонометр

nexweş / sax

хворий / здоровий

Hewar!

Допоможіть!

êrîş

напад

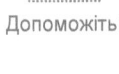

alarm

сигнал тривоги

êrîşkirin

атака

talûk

небезпека

derketina acil

аварійний вихід

agir vemirandinê

вогнегасник

qeza

аварія

agir!

Вогонь!

aletên alîkariya yekem

аптечка

SOS

СОС

polîs

поліція

Ewropa

Європа

Amerîkaya Bakûr

Північна Америка

Amerîkaya Başûr

Південна Америка

Afrîka

Африка

Asya

Азія

Awustralya

Австралія

Atlantîk

Атлантика

Okyanûsa Mezin

Тихий океан

Okyanûsa Hindî

Індійський океан

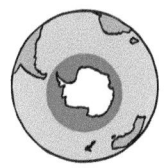

Okyanûsa Antarktîka

Антарктичний океан

Okyanûsa Arktîk

Північний Льодовитий
океан

Cemsera Bakûr

Північний полюс

Cemsera Başûr

Південний полюс

Antarktîka

Антарктика

erd

Земля

ax

суша

behir

море

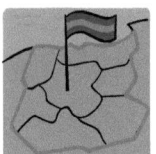

dûrge

острів

milllet

нація

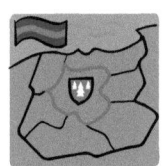

welat

держава

rûyê saet

циферблат

nişanderka demjimêr

годинникова стрілка

nişanderka deqe

хвилинна стрілка

nişanderka saniye

секундна стрілка

Seet çende?

Котра година?

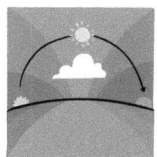

roj

день

dem

час

niha

зараз

saetê dicîtal

цифровий годинник

deqe

хвилина

seet

година

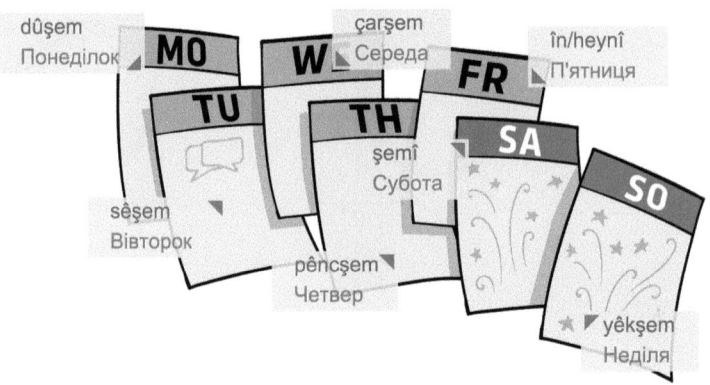

dûşem — Понеділок
çarşem — Середа
în/heynî — П'ятниця
sêşem — Вівторок
pêncşem — Четвер
şemî — Субота
yêkşem — Неділя

duh

вчора

îro

сьогодні

sibey

завтра

sibe

ранок

nîvro

опівдні

êvar

вечір

rojên karê

робочі дні

dawiya hefte

кінець робочого тижня

baran
дощ

keskesor
веселка

ba
вітер

befir
сніг

bihar
весна

havîn
літо

payîz
осінь

zivistan
зима

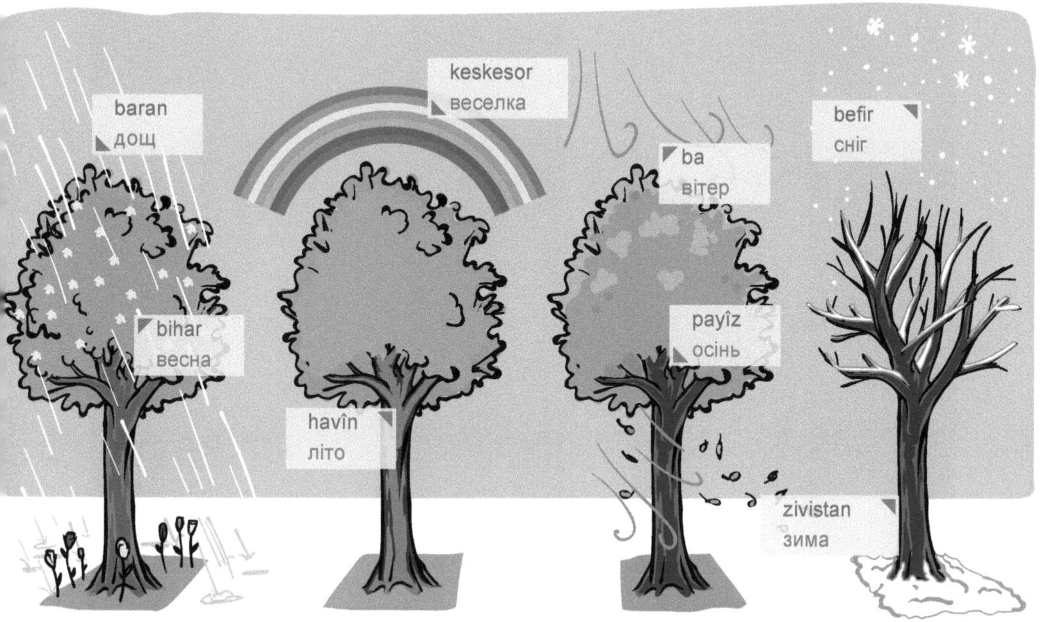

pêşbîniya hewa

прогноз погоди

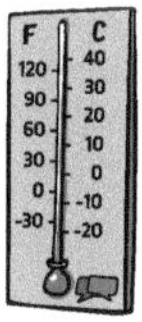

tehnpîv

термометр

tav

сонячне світло

hewr

хмара

mij

туман

hêmî

вологість повітря

birq

блискавка

brûsk

грім

tofan

шторм

terg

град

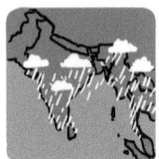

mansûn

мусон

lehî

повінь

cemed

лід

rêbendan

Січень

reşeme

Лютий

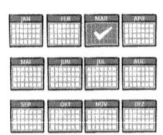

newroz

Березень

gulan

Квітень

cozerdan

Травень

pûşper

Червень

gelawêj

Липень

xermanan

Серпень

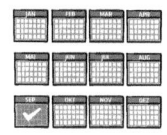

rezber

Вересень

kewçêr

Жовтень

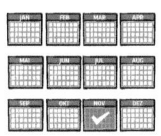

sermawez

Листопад

befranbar

Грудень

çember

круг

çarçik

квадрат

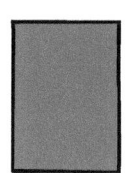

çarqozî

прямокутник

sêqozî

трикутник

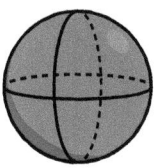

qada

куля

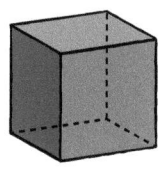

xiştek

куб

sipî

білий

zer

жовтий

pirteqalî

помаранчевий

pembe

рожевий

sor

червоний

mor

фіолетовий

şîn

синій

kesik

зелений

qehweyî

коричневий

gewr

сірий

reş

чорний

zor / kêm

багато / мало

bi hêrs / bêdeng

лютий / мирний

bedew / nerind

гарний / бридкий

destpêk / dawî

початок / кінець

mezin / biçûk

великий / малий

ronî / tarî

світлий / темний

brak / xwişk

брат / сестра

pagij / girêj

чистий / брудний

tevî / netemam

завершений /
незавершений

roj / şev

день / ніч

mirî / zindî

мертвий / живий

fire / teng

широкий / вузький

xweş / nexweş

їстівний / неїстівний

nebaş / baş

злий / дружній

bi heyecan / aciz

збуджений / нудьгуючий

qelew / zirav

товстий / тонкий

yekemîn / dawîn

спочатку / востаннє

heval / dijmin

друг / ворог

tijî / vala

повний / порожній

req / nerm

жорсткий / м'який

giran / sivik

важкий / легкий

birçî / tînî

голод / спрага

nexweş / sax

хворий / здоровий

neqanûnî / qanûnî

незаконний / законний

rewşenbîr / balûle

розумний / дурний

çep / rast

вліво / вправо

nêzî / dûr

поруч / далеко

nû / bikarhatî

новий / використаний

hîç / tiştek

нічого / щось

kal / ciwan

старий / молодий

li / ji

вкл / викл

vekirî / girtî

відкрито / закрито

aram / dengbilind

тихо / гучно

dewlemend / reben

багатий / бідний

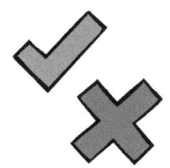

rast / şaş

правильно / неправильно

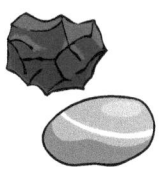

dirr / hilû

шорсткий / гладкий

xemgîn / şa

сумний / щасливий

kurt / dirêj

короткий / довгий

hêdî / zû

повільно / швидко

şil / ziwa

вологий / сухий

germ / hênik

гарячий / холодний

şerr / aşitî

війна / мир

0

sifir

нуль

1

yek

один

2

dû

два

3

sê

три

4

çar

чотири

5

pênc

п'ять

6

şeş

шість

7

heft

сім

8

heşt

вісім

9

neh

дев'ять

10

deh

десять

11

yazde

одинадцять

12	**13**	**14**
dazde	sêzde	çarde
дванадцять	тринадцять	чотирнадцять

15	**16**	**17**
pazde	şazde	hefde
п'ятнадцять	шістнадцять	сімнадцять

18	**19**	**20**
hejde	nozdeh	bîst
вісімнадцять	дев'ятнадцять	двадцять

100	**1.000**	**1.000.000**
sed	hezar	milyon
сто	тисяча	мільйон

Inglîzî

англійська

Inglîziya Amerîkî

американська англійська

Çînî Mandarîn

китайська
високочиновницька

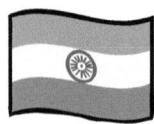

Hindî

хінді

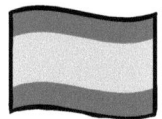

Îspanyolî

іспанська

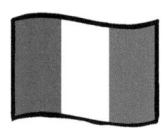

Frensî

французька

Erebî

арабська

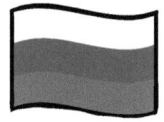

Rûsî

російська

Portugalî

португальська

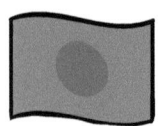

Bengalî

бенгальська

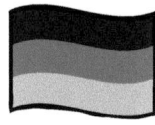

Elmanî

німецька

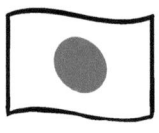

Japonî

японська

min

я

tu

ти

ew / ev / ew

він / вона / воно

em

ми

tu

ви

ew

вони

kî?

хто?

çi?

що?

çawa?

як?

kû?

де?

kengî?

коли?

nav

ім'я

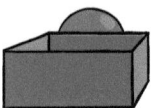

piştî
зазаду

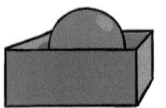

li
в

pêşî
перед

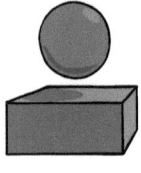

ser
над

ser
на

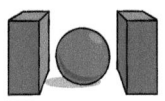

bin
під

kêlek
біля

navber
між

cih
місце